Shohista Shermamatova

O‘zbek adabiyoti tarixida ijodkor sultonlar ijodi

Shohista Shermamatova

O‘zbek adabiyoti tarixida ijodkor sultonlar ijodi

Qilich va qalam sohiblari ijodidan majmua

JustFiction Edition

Cover image: www.ingimage.com

Publisher:
JustFiction! Edition
is a trademark of
Dodo Books Indian Ocean Ltd. and OmniScriptum S.R.L publishing group

120 High Road, East Finchley, London, N2 9ED, United Kingdom
Str. Armeneasca 28/1, office 1, Chisinau MD-2012, Republic of Moldova, Europe
Printed at: see last page
ISBN: 978-620-6-74135-0

MA'NAVIY KAMOLOT YO'LIDA...

Bugungi globallashuv jarayonida yosh avlodni har tomonlama yetuk, barkamol etib tarbiyalashga alohida e'tibor qaratilmoqda. Uning qalbida milliy g'urur va iftixor, ona Vatanga muhabbat va sadoqat tuyg'ularini shakllantirish, ayniqsa, muhim ahamiyatga ega. Qayd etish joizki, tilga olingan tuyg'ularining yoshlar ongiga chuqur kirib borishida xalq tarixida o'tgan buyuk ajdodlar va ularning tafakkur manbai - adabiy - ilmiy merosi haqida chuqur ma'lumotga ega bo'lish juda muhimdir. Chunki milliy o'zlikni anglash buyuk ajdodlarga hurmat - ehtirom ko'rsatish, ular bilan faxrlanish, ularning ma'naviy olamidan bahramand bo'lishdan boshlanadi. Bu esa, o'z navbatida millat avlodlarining hayotiy faoliyatida ham o'z ifodasini topib, o'zining ijobiy natijasini ko'rsatmoqda.

Istiqlolning dastlabki yillaridayoq ajdodlarimiz qoldirgan boy adabiy - ilmiy merosni milliylik nuqtai nazari bilan qayta tadqiq etish ishlari boshlab yuborildi. Buning natijasi o'laroq ko'plab tadqiqotlar, majmua, ilmiy-uslubiy qo'llanma, darsliklar yaratildi. Ularda so'nggi yillarda olib borilgan tadqiqotlardan keng ko'lamda foydalnildi. Bu esa ijodkorlarimiz boy merosining o'quvchilar ongida bor bo'y - basti bilan to'laqonli aks etishiga munosib hissa qo'shdi.

O'zbek adabiyoti tarixida qalam tebratgan har bir ijodkorning o'z o'rni bor. Shu jumladan, ham qalam, ham qilich sohibi bo'lgan ijodkor sultonlarining ham. Sultonlar ijodi yuzasidan so'z yuritganda, avvalo, ularning odil hukmdor ekanligini ta'kidlagan holda, shu bilan birga o'z davri va keyingi davrlar adabiyotida muhim o'rin tutgan, rivojiga hissa qo'shgan adabiy muhitlar targ'ibchisi, asoschisi ekanligini ham aytib o'tmoqlik joiz. Ular atrofiga o'z davrining yetuk ilm - fan namoyondalarini, qalami o'tkir ijodkorlarni jamlab, nodir asarlarning yaratilishiga turtki bo'ldi, homiylik qildi. Majmudan o'rin olgan ijodkorlar - Husayniy, Muhammad Shayboniyxon, Zahiriddin Muhammad Bobur, Ubaydiy, Abulg'ozi Bahodirxon, Amiriy, Muhammad Rahimxon Feruz ijodi ham xalqimizning ma'naviy merosiga aylangan nodir asarlardir.

Xulosa qilib aytganda, o'zbek adabiyoti tarixini o'rganish uning shakllanishi va taraqqiyoti omillarini chuqur hamda atroflicha tasavvur qilish imkonini berishi bilan birga, hozirgi avlodlar tafakkurida milliy o'zlikni anglash, g'urur va iftixor tuyg'ularini yuksaltirish, ma'naviy olamlarini boyitishda mislsiz darajada katta ahamiyat kasb etadi. Mazkur majmuadan koʻzlangan maqsad esa uni oʻrganayotganlarda Vatanga sadoqat, milliy qadriyatlarimizga sadoqat tuygʻusini yuksaltirishdan iboratdir.

Gʻiyosiddin SHODMONOV

Filologiya fanlari boʻyicha falsafa doktori (PhD), dotsent v.b.

HUSAYNIY

(1438-1506)

Ham forsiy demakka qodir va ham turkcha aytmoqqa mohir erdi, ammo turkiy devon tadviniga mayl qildilar va dilpazir abyot va benazir g'azaliyot tartib berdilar.

Alisher Navoiy

Tab'i nazmi bor edi. Devon ham tartib qilur erdi. Turkiy aytur erdi. Taxallusi "Husayniy" erdi. Ba'zi baytlari yomon emasdur, vale Mirzoning devoni tamom bir vazndadur...

... Shujo' va mardona kishi erdi. Temurbek naslidin hech kim ma'lum emaskim, Sulton Husayn Mirzocha qilich chopmish bo'lg'ay.

Zahiriddin Muhammad Bobur

Husayn Boyqaro ham shoh, ham shoirdir. U Alisher Navoiy bilan zamondosh bo'lib, Navoiyga homiylik qilgan. Husayn Boyqaro 1438-yilda Hirotda tug'ilgan. Otasi Mansur ham, onasi Firuzabegim ham Temur avlodidan edilar. Shu sababli Zahiriddin Muhammad Bobur uni "Karim ut-tarafayn" ("Ikki taraflama ulug") deb atagan edi. Boyqaro 1457-yilda Abulqosim Bobur Mirzo vafot etgach, taxt uchun kurashga kirishadi va 1469-yilda Hirotni egallaydi hamda temuriylar saltanatini 1506-yilgacha boshqaradi.

Husayn Boyqaro "Husayniy" taxallusi bilan she'rlar yozgan. Husayn Boyqarodan bizga bir "Devon" va "Risola" meros bo'lib qolgan. Devondagi she'rlarning ko'pchiligi ishq va may mavzusida bo'lib, g'azallarinimg hammasi bir vaznda - ramali musammani maqsur (foilotun foilotun foilotun foilon) da yozilgan. Alisher Navoiy Husayn Boyqaro she'riyatiga yuksak baho berib, "Majolis-un nafois" tazkirasida unga maxsus fasl (8-majlisni) ajratgan.

Husayniy "Risola"si (1485) "o'zbek nasrining ilk namunalaridan biri" deya baholangan. Asar inoyat etgan podshohlik shukronasi bilan boshlanadi. "Risola" alohida tarixiy, adabiy, ma'rifiy ahamiyatga molik. Unda, jumladan, Navoiy haqidagi ko'plab tarixiy haqiqatlar va e’tiroflar aks etgan. Husayn Boyqaro Navoiy haqida gapirib: "...turk tilining o‘lgan jasadig‘a Masih anfosi bila ruh kiyurdi va ul ruh topqonlarg‘a turkiy oyin alfoz tor-u pudidan to‘qulgon hulla va harir kiydurdi", - deydi.

"Risola" - o‘zbek prozasining yaxshi va go‘zal namunasi sifatida ham e’tiborga molikdir. Unda muallif A. Jomiyni, A. Navoiyni hurmat bilan tilga olgan. Asarda Jomiy "jumlaning a’lami (olimi) va afzali, fazoil (fazilatlar) daryosining duri poki" deya ta’riflangan.

Husayn Boyqaro turkiy tilda asarlar yozish haqida maxsus farmon chiqargan.

G‘AZALLAR

"G‘unchani og‘zing desam..."

G‘unchani og‘zing desam, naylay aning guftori yo‘q,
Sarvni qadding desam, netay aning raftori yo‘q.

Oyni ne yanglig‘ sanga nisbat qilaykim, husn aro,
Sarvdek ham qaddi yo‘q, ham gul kibi ruxsori yo‘q.

Zulfunga sunbulni ne nav aylayin tashbihkim,
Ham diloso atri, ham jon rishtasidek tori yo‘q.

Ayta olmon la’lingga yoqut o‘xsharkim oning,
Ham chuchuklik ta’mi, ham jonbaxshlik osori yo‘q.

Gar raqibingdin meni o‘ksuk ko‘rarsen bok emas,
Kimki oshiq bo‘ldi itdin kam desang ham ori yo‘q.

Istasang ko‘nglumga osoyish qadah tut, soqiyo,
Kim dame yo‘qkim ulusdin yuz tuman ozori yo‘q.

Ko‘yida itti Husayniy ko‘ngli, tong yo‘q, istasa
Kim, bo‘lubtur onda bir devonayi afkori yo‘q.

* * * * * * * * * * * *

"Bor emish"

Ey ko‘ngul, ul dilraboning o‘zga yori bor emish,
Vah, sanga dushman bo‘lub, ul o‘zgalarga yor emish.

Har zamon yuz bor dil ozoridin ko‘nglumdadur,
Vahki, ozori buzug‘ ko‘nglumda muncha bor emish.

Dardi ishqing sharhini ko‘zumga degach to‘kti yosh,
Vahki, oni yor sog‘indim, ul vale ag‘yor emish.

Zor o‘lub ishqig‘a ozori kelurni bilmadim,
Zorlarg‘a ishqdin kelgan nasib ozor emish.

Yuz ochib o‘rtar meni, vah, ishq o‘tidin ne gila -
Kim, manga o‘t solg‘uchi ul otashin ruxsor emish.

Hajrida bechoralig‘din oh-u vovaylo ne sud
Kim, balolig‘ ishqda bechoralig‘ nochor emish.

Ey Husayniy, der eding ul dilraboni bevafo,
Men ham oni fahm etibmenkim,
yuz oncha bir emish.

* * * * * * * * * *

"Bo‘lmasun"

Hech musulmong‘a, nigoro, dog‘i hijron bo‘lmasun
Kim, visolingdin judo bo‘lsa, agar jon bo‘lmasun.

Ko‘z uchidin novaki javring bila o‘ltur meni,
Domani poking, begim, nogah yana qon bo‘lmasun.

Xasta ko‘nglum bandi zulfungdin parishondur base,
Jam qilg‘il sunbulingnikim, parishon bo‘lmasun.

Jong‘a yettim dilbari nodon elindin, oh, oh!
Hech kishining dunyoda mahbubi nodon bo‘lmasun.

Jon berurda kelib o‘ltur, bir dame ko‘ray seni -
Kim, Husayniy ko‘nglida, ey do‘st, armon bo‘lmasun.

* * * * * * * * * *

"Keldimu?"

Ey sabo, bergil xabar, sarvi ravonim keldimu?
Jon isi sendin kelur, ruhi ravonim keldimu?

Hajr dashtida mungRab qolmish erdi xasta jon,
Vah dengizkim, ul g'aribi notavonim keldimu?

Kelgan emish xo'blar ishq ahli qonin to'kkali,
Ey ko'ngul, ko'rkim mening qatlimga jon keldimu?

Zulfida sen band-u men ko'yida bemor, ey ko'ngul,
Za'fdin dekim, sanga munglug' fig'onim keldimu?

Yor mehmon bo'lsa jism uyiga, jon aylay nisor,
Aytingiz, ey do'stlarkim, mehmonim keldimu?

Rahm etib bir kun Husayniyni itingdin so'rg'asen,
Ul malomat ko'yida itgan yamonim keldimu?

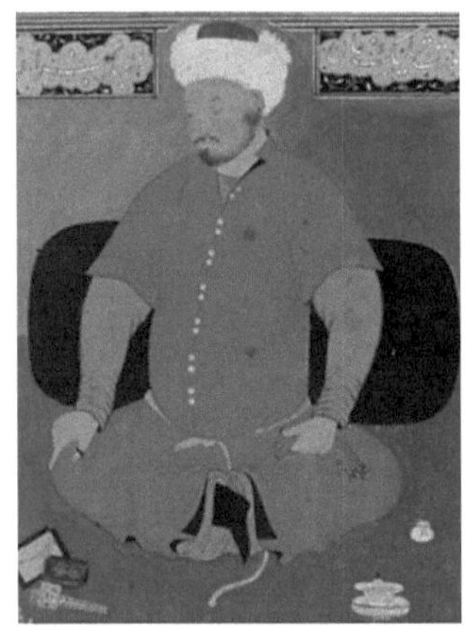

MUHAMMAD SHAYBONIYXON

(1451-1510)

Sakkokiy, Gadoiy, Navoiylar an'anasini munosib davom ettirgan Shayboniy she'rlaridagi diqqatni o'ziga jalb qiladigan xususiyat shoirning Turkiston yurtiga bo'lgan cheksiz muhabbatini har doim tilga olib turganidir.

Temur Xo'ja o'g'li

...Olimlar Shayboniyxon faqat darbadarlikda kechgan hayotida qanday qilib bunday kamolatga erishdi ekan, deya hayratlanadilar.

A. A. Semenov

...Bu urush odami maorif va madaniyat haqida o'z davrining ruhidan to'la xabardor va zamonasidagi tengdosh shoirlarning aksariyatidan ortiq darajada qalam sohibi bo'lgan. Chunki uning she'rlari, dushmanlari fikrining teskarisi o'laroq, buyuk bir iqridor va go'zal tabiatga molik ekanini, u ham turkiy, ham forsiy, ham arabiy tillardan asosli suratda voqif ekanini ko'rsatmoqda... U maorif jihatidan oldingi Temur shahzodalarining akariyatidan past emas edi.

H. Vamberi

Muhammad Shayboniyxon adabiy merosining asosiy qismini urush tafsilotlari, hayotiy muammolar, darvishlik kechinmalari bilan yo'g'rilgan diniy-taavvufiy qarashlar aks etgan g'azallar tashkil etadi. Ular o'z zamonida keng tarqalgan va mashhur bo'lgan. "Mehmonnomai Buxoro" asarida qayd etilgan e'tirof, ya'ni Shayboniyning tasavvufiy g'azallariga juda ko'p sharhlar yozilgani buning yaqqol dalilidir.

Xurshid Davron

Original va samimiy ijod namunalari, Navoiy klassikasi yonida yassaviylik adabiy an'analari bilan yo'g'rilgan asarlarini hisobga olganda, o'zbek adabiyoti takomiliga munosib hissa qo'shgan, o'z o'rniga ega bo'lgan siymodir.

Muhammad Fuod Ko'prulu

...Islom ilmlari va tasavvuf nazariyasini yaxshi bilgan. Eron adabiyotidan voqif, go'zal san'atlarni tushunadigan san'atkor ruhiyatli bir insondir.

Ya. Qoraso'y

Sulton Muhammad Shayboniyxon (1451-1510) Abulxayrxonning nevasi, Shohbudog' sultonning o'g'li, shayboniylar sulolasining asoschisi. Abulxayrxon esa Chingizxon o'g'li Jo'jining beshinchi o'g'li Shaybon (Shabon) naslidan, Abulxayrxon 1462-yili Ulug'bekning qizi Robiya Sultonbegimni nikohlab olgan edi. Butun Mag'ribu Mashriqni vahimada tutgan jahongir Chingizxon farzandlaridan biri - Jo'jining beshinchi o'g'li Shaybon nasliga mansub bo'lgani uchun tarix qog'oziga Shayboniy (Shaboniy) nomi bilan qolgan. Otasi bevaqt vafot etgach, Abulxayrxonning qaramog'ida qolgan. Sulton Muhammad Shaybon Boyshayx otalig'ida voyaga yetgan. Abulxayrxonning vafotidan so'ng Shayboniyxon Dashti Qipchoqda o'z hukmronligini o'rnatgan. Shayboniyga otasining sodiq xizmatkori Qorachabek g'amxo'rlik qilib, "...bu shahzodaga sadoqat bilan xizmat qilgan". Shayboniyga Turkiston va O'tror hukmdori Muhammad Mazid Tarxon homiylik qilgan. Herman Vamberi yozishicha, Mazid Tarxon "...o'zbek boshliqlarining yelkasiga chiqib olishi tahlikasini his etgandan keyin, xavfdan qutulish uchun ularni Buxoro hokimi Abdulali Tarxonga yuborgan". Mahalliy hukmdorlar Muhammad Shayboniyxonning kuchidan ichki va tashqi raqiblariga qarshi kurashda foydalanganlar. Bu kurashlarda Shayboniyxon mohir lashkarboshilik namoyon qilgan.

Adabiyotshunos olim Sherxon Qorayev o'zining "O'zbek xonliklarida adabiy kechalar (Muhammad Shayboniyxon va shayboniylar davri misolida) nomli monografiyasida:

"Muhammad Shayboniyxonning ijodiy faoliyati va adabiy majlislari o‘z davrining qator tarixiy va adabiy manbalarida yoritilgan. Mulla Shodiyning "Fatxnomai xoniy", Muhammad Solih va Kamoliddin Binoiyning "Shayboniynoma"lari, Xondamirning "Xabib us-siyar", Mirzo Muhammad Haydarning "Tarixi Rashidiy", Zayniddin Mahmud Vosifiyning "Badoe’ ul-vaqoe", Muhammad Faxriy Hiraviyning "Ravzat us-salotin", Boburning "Boburnoma", Hasanxoja Nisoriyning "Muzakkiri ahbob", Hofiz Tanish Buxoriyning "Abdullanoma", Alouddavla Husayn Qazviniyning "Nafois ul-maosir", Som Mirzoning "Tuhfai Somiy", Muhammadyor ibn Arab Muhammad Qatag‘anning "Musaxxir al-bilod" nomli asari kabi qimmatli manbalarda hukmdor shoirning ijodiy qiyofasi aks etgan".

Muhammad Solihning "Shayboniynoma" asari haqida jurnalist O‘ljaboy Qarshiboyev "Shayboniyxon bizga "begona"mi?" nomli maqolasida quyidagi ma’lumotlarni keltirib o‘tadi: "Shayboniyxon to‘g‘risida forsiy manbalardan Mulla Shodiyning "Fatxnomai xoniy", Binoiyning "Shayboniynoma", Ro‘zibbekxonning "Safarnomai Buxoro" asarlari yozilgan. Ammo, yaxlit asar esa Muhammad Solihning "Shayboniynoma" asaridir. U o‘tgan asrda 1961, 1989-yillarda nashr etilgan. 1961-yildagi nashriga esa Nasrullo Davron, keyingisida Ergashali Shodiyev so‘z boshi yozib, asar mohiyatini sharhlagan. Ularda "Shayboniynoma"ning 1510-yilda Qosim ismli kotib tomonidan yozilgan eski nusxasi Vena kutubxonasida saqlangani, 1885-yilda Herman Vamberi tomonidan nemischaga tarjima qilingani aytilgan. 1908, ba’zi manbalarda 1904-yilda rus sharqshunosi P. Melioranskiy tomonidan nashrga tayyorlangan va chop qilingan deb tilga olinadi".

Muhammad Shayboniyxon ijodiy faoliyati xususida O‘zbekiston xalq shoiri Xurshid Davron "Shayboniyxon haqida muxtasar qaydlar" nomli maqolasida quyidagi ma’lumotlarni keltirib o‘tadi: "U shoir sifatida Shayboniyxon, Shohbaxt, Shoyboq, Shoybek, Sheboni, Shohibek, Shayboniy taxalluslari bilan she’rlar yozgan, kamdan-kam ijodkorga nasib etadigan rutba - "Devon" egasi bo‘lgan. Bu devon 300 dan ortiq g‘azal, ruboiy, tuyuq, chiston, ta’rix va boshqa janrdagi asarlarni o‘z ichiga olgan. Devon Istanbulda To‘pqopi saroyi muzeyida saqlanadi.

Muhammad Shayboniydan nafaqat she’riy devon, shu bilan birga ilmiy mazmundagi

"Bahr ul-ho‘do" nomli doston, o‘g‘li Temur sultonga atab pand-nasihatlardan iborat kitob yozgan, demak, hayoti beto‘xtov jangu jadal ichida kechganiga qaramay katta ma’rifiy meros qoldirgan inson edi. Ishonchim komilki, Hazrati Mir Alisher Navoiy xonning "Devon"i, dostonu hikmatnomasi bilan tanishish imkoniyatiga ega bo‘lganda, bu asrlarga munosib baho bergan bo‘lardi".

Muhammad Shayboniyxon "Devon"ini o‘tgan asrda ulkan tarixchi va siyosat arbobi Ahmad Zaki Validiy To‘g‘on. sharofati bilan dunyo yuzini ko‘rdi. XX asrning 20-30-yillarida Istanbulda nashr etilgan "Yangi Turkiston" jurnalida professor To‘g‘onning "Shayboniyxonning she’rlari" nomli maqolasi e’lon qilindi. Maqolada olim birinchi bo‘lib Shayboniyning Istanbuldagi To‘pqopi saroyi kutubxonasida 2436 inventar raqami bilan usmonli turk sultonlaridan Ahmad III muhri ostida saqlanayotgan "Devon"i haqida xabar bergan, uning hayoti va ijodiga to‘xtalgan hamda o‘limi tafsilotlarini yozgan. Ahmad Zaki Validiy To‘g‘on turli manbalarga asoslanib to‘plagan bu ma’lumotlarni kengaytirib, 1947-yilda nashr etilgan "Bugungi turk eli. Turkiston va yaqin tarixi" kitobida ham keltirilgan. Shundan so‘ng M. F. Ko‘prulu, K. Eraslon, M. Kafali kabi qator usmonli turk olimlari Shayboniyxon ijtimoiy va adabiy
faoliyatining turli qirralarini yoritganlar, "Devon"dan ayrim namunalarni matbuotda chop ettirganlar. Umuman, Turkiyada mumtoz adabiyotimizga oid manbalarni o‘rganish, targ‘ib-tashviq etish va yuksak nashriy saviyada e’lon qilish borasida yaxshi an’analar yaratilgan. Istanbul universiteti adabiyot fakultetining turk tili va adabiyoti bo‘limida Shayboniy ijodi yuzasidan 1968-yilda Akbiyik O‘zay, 1971-yilda Temur Xo‘ja o‘g‘li dissertatsiya himoya qilganlar.

Shayboniyxonning shahzoda Temur Sultonga atalgan fiqh ilmiga oid risolasi 1507-yilda yozilgan bo‘lib, diniy yo‘l-yo‘riq va qoidalardan tashkil topgan.

Zahiriddin Muhammad Boburning "Mubayyin" asarining
Istanbul nashrini amalga oshirgan doktor Tanju O‘ral Seyhan Shayboniyxonning ushbu nasriy asarini "Risolai maorif" deb qayd etadi va uning aniq manzilini ko‘rsatadi. Bu ma’lumotga ko‘ra, asar Britaniya muzeyi kutubxonasida 12956 raqami bilan saqlanadi, hijriy 916 (1510) yilda Mashhadda ko‘chirilgan, 46 sahifadan iborat bo‘lib, har sahifada

10 satr bitilgan.

Bizga yetib kelgan yana bir asari falsafiy-ta'limiy ruhdagi asari "Bahr ul-hudo" ("Hidoyat dengizi") deb nomlangan qasidasidir. Hijriy 914 yilning muharram oyida - milodiy 1508-yil may oyining 3-14-kunlari Bastom va Domg'om (Xuroson) shaharlarida yozilgan 260 bayt (520 misra)dan iborat mazkur qasidaning hozircha yagona deb hisoblanayotgan qo'lyozma nusxasi ham Britaniya muzeyi kutubxonasining Sharq qo'lyozmozmalari bo'limida Add. 7914 y. raqami bilan qayd etilgan va ingliz sharqshunosi doktor Charlz R'yo tomonidan tavsifi berilgan yirik majmua tarkibidan joy olgan. G'oyat noyob bu majmuaning mikrofilmi va fotonusxasi O'zbekiston Respublikasi Fanlar akademiyasi Abu Rayhon Beruniy nomidagi Sharqshunoslik institutida saqlanadi. 1982-yilda amerikalik olim A. Bodrogligeti "Ural-Oltoyshunoslik xalqaro jurnali"da Shayboniyxonning "Bahr ul-hudo" qasidasini so'z boshi, izoh va lug'at bilan nashr ettirgan.

Yurtimiz ilmiy-adabiy jmoatchligi shoir "Devon"i haqida 1991-yilda xorijlik o'zbek olimi Temur Xo'ja o'g'lining "O'zbekiston adabiyoti va san'ati" gazetasining "O'zbeklar va dunyo" rukni ostida Muhammad Shayboniyxon tavalludining 540 yilligi munosabati bilan e'lon qilingan "Turk saroyidagi nodir asar" maqolasi orqali ("O'zbekiston adabiyoti va san'ati" gazetasi, 1991-yil 20-dekabr) xabardor bo'ldi. Maqolada professor Ahmad Zaki Validiy To'g'on Shayboniyning noyob "Devon"ini To'pqopi saroyi kutubxonasidan topib, 1927-yilda ilm dunyosiga dastlab tuhfa etganligi eslatib o'tiladi Temur Xo'ja o'g'li Shayboniy "Devon"ining jahondagi yagona qo'lyozmasi usmonli turk podshohlari saroyiga qanday kelib tushganligi ma'lum emasligini aytadi.

Shayboniyxon 1510-yilda Marv yaqinidagi Mahmudobod qishlog'ida Eron shohi Ismoil Safaviy bilan bplgan jangda mag'lubiyatga uchragan va o'zi ham jangda halok bo'lgan. Uning boshsiz tanasi Samarqandning Registon maydonidagi Tillakori va Sherdor madrasalari o'rtasidagi burchakda joylashgan "Baland Sufa"ga dafn qilingan. Bu dahmaga keyinchalik boshqa shayboniylar ham dafn etilgan.

G‘AZALLAR

"Samarqandning"

Ketmadi ko‘ngildan hech diydori Samarqandning,
Ko‘zumdan uchar har dam diydori Samarqandning.

Har nechaki shahr o‘lsa dunyoda latif, ammo
Barchadin erur yaxshi bemori Samarqandning.

Haq o‘z karami birlan ul elni omon tutsun,
Bo‘lsin bu jahondin yo‘q, ag‘yori Samarqandning.

Ko‘pdir Hirida bilgil, bulbul bilan to‘ti ham,
Andalibni uyaltti, dildori Samarqandning.

Bu shahri Hiri ichra bir zarra safo yo‘qtur,
Jannat kibi xushbo‘ydur bozori Samarqandning.

Qosh yosi bila xo‘blar g‘amza o‘qidin otsa,
Jon javshanidin o‘tar o‘qlari Samarqandning.

Shaboniy tilar har dam Buxoru Samarqandni,
Tangrisi madad bo‘lsun, ul yori Samarqandning.

* * * * * * * * * *

"Ey manga sajdagohi..."

Ey manga sajdagohi ol qoshlaring mehrobidur,
Bu ko‘ngul qushin tutarg‘a shul ko‘zing sayyodidur.

Novaking o‘qlari jonim ko‘z yoshimdin susadi,

Vah bag'ir qonidin ichkan kirpuging paykonidur.

G'uncha la'lin ko'rgali bu la'lu marjonlar to'kup,
Inglari olinda yo Rab ko'zlarim namnokidur.

Otashin yoqut labindin yoqilib ishqing oti,
May ichib kim mast bo'lsa shul go'ying chavgonidur.

Muhtasib man' etmagil ma'shuq ko'yindin har zaman,
Ko'z yoshima vah otindin har zamon g'amnokidur.

Ul parini Ko'ksaroy ichinda har dam ko'rgali,
Zulfi anbar-bo'yu mushkin vasfida devonidur.

Ey Shaboniy shul sanam javrinda novmid o'lmag'il,
Bas ko'ngil orasta qilg'il dilbaring sandolidur.

* * * * * * * * * *

"Yuzungni ko'rdum..."

Yuzingni ko'rdum ul chortoq ichindo,
Ochilmish toza gul yoproq ichindo.

Tabassum qilsang ul g'uncha labingdin,
Degoysen bol tomar qaymoq ichindo.

Necha ko'zloding, ey ra'no g'izolim,
Meni yondurmog'il avloq ichindo.

Karam qilg'il, kel emdi, ey azizim,
Uturg'il didayi mushtoq ichindo.

Jahonning ko‘zi hargiz ko‘rmishi yo‘q,
Na qildi lablaring so‘rmoq ichindo.

Kel ey soqiy, yukunib bir ayoq tut,
Manga dilbar bila qishloq ichindo.

Muxolif Vaxshni qishlab tururda,
Turush bermay turur turmoq ichindo.

Cherikning gardini ko‘rmoy qochiptur,
Masaldur: - Qul qochar o‘rmoq ichindo.

Shaboniyg‘a beribtur nusratin haq,
Qovub men xusrav(in) chaqmoq ichindo.

* * * * * * * * * * *

"Yana"

Dard g‘am bechora ko‘nglum sori oqildi yana,
Meni ko‘rub ishq o‘ti boshtin yana keldi yana.

G‘unchadek ko‘nglum g‘am hijronidin qon bog‘lodi,
Mujdai vaslin eshitib, ko‘nglum ochildi yana.

Hajr o‘tinda notavon jismim firoqing kechasi,
Sham’dek boshtin-ayoq firqatda yoqildi yana.

Qezlab erdim ishqini eldin lekin naylayin,
Holatim Majnun kibi olamg‘a yoyildi yana.

Firqat otidin yeqildim, yor keldi so‘rg‘oli,

Ey Shaboniy, yor dardingg‘a davo qildi yana.

ZAHIRIDDIN MUHAMMAD BOBUR

(1483-1530)

Bobur Hindistonga kelgandan keyin katga siljishlar yuz berdi va yangi rag'batlantirishlar hayotga, san'atga, arxitekturaga toza havo baxsh etdi, madaniyatning boshqa sohalari esa bir-birlariga tutashib ketdi.

Javoharlal Neru

San'ati va mardligi, iste'dodi, ilm-fan va san'atga muhabbati va ular bilan muvaffaqiyatli shug'ullanishi jihatidan Osiyodagi podshohlar orasida Boburga teng keladigan birorta podshoh topilmaydi.

Uilyam Erskin

Bobur fe'li-sajiyasiga ko'ra Sezarga qaraganda sevishga arzigulikdir. Uning manglayiga yuksak fazilatli inson deb bitib qo'yilgan.

Eduard Xolden

Mirzo Boburning Hindistondagi qudrati uning bosib olgan yerlari bilan emas, u hind xalqining uyg'ota olgan hurmat-ehtirom bilan o'lchanadi.

Qamar Rais

Zahiriddin Muhammad Bobur ("Zahiriddin" so'zining ma'nosi "sergul daraxt", "Bobur" arabcha "sher" demakdir) 1483-yil 14-fevralda Farg'ona viloyatining poytaxti Andijonda tug'ilgan. Uning otasi Umarshayx (1455-1494) 1494-yil 9-iyunda Axsi qo'rg'onida jardan kutubxonasi bilan qulab, halok bo'lgan. Boburning shajarasi quyidagicha: Umarshayx Mirzo - Abdusaid Mirzo - Sulton Muhammad Mirzo - Mironshoh - Amir Temur. Onasi

Qutlug‘ Nigorxonimning otasi Toshkent hokimi Yunusxon o‘zbeklashgan mo‘g‘il urug‘idan bo‘lib, 12 avlod bilan Chingizxonga tutashgan. Bobur uni "Chingizxonning ikkinchi o‘g‘li Chig‘atoyxon naslidandur" deb aytgan. Umarshayx Mirzoning uch o‘g‘li (Z. M. Bobur, Jahongir Mirzo, Nosir Mirzo), besh qizi (Xonzodabegim, Mehrbonubegim, Shahrbonubegim, Yodgor Sultonbegim, Ruqiya Sultonbegim) bo‘lib, Bobur o‘g‘illarining eng kattasi edi. Bobur va uning besh yosh katta opasi Xonzodabegim bir onadan edilar.

Uning mustaqil siyosiy faoliyati juda erta bir tarzda - otasi Umarshayx Mirzoning kutilmaganda vafot etishi munosabati bilan boshlagan. Shunda bor-yo‘g‘i 12 yoshda edi.

Boburdan bizga ulkan meros qoldi. Bu meros shoirning devonlari, "Boburnoma"si, bir qator ilmiy, tarixiy, diniy - falsafiy va axloqiy - ta’limiy ruhdagi asarlardan iborat.

Zahiriddin Muhammad Bobur 16-17 yoshi (1500-yil)dan boshlab badiiy ijod bilan shug‘ullanadi, o‘zbek va tojik tillarida she’rlar yozadi. U dastlabki she’rlarini fors tilida yozgan. Bobur asosan hajman ixcham g‘azallar yaratgan, uning she’riy asarlarining yarmini ruboiylar tashkil qiladi.

Bobur o‘zbekcha she’rlarini to‘plab 1519-yilda Kobulda ("Kobul devoni"), 1528-1529-yillarda Hindistonda ("Hind devoni") devonlar tuzgan. Bizgacha yetib kelgan she’rlarini umumiy hajmi 400 dan oshadi. Shulardan 119 tasi g‘azal, 231 tasi ruboiydir. Bobur lirikasining asosiy janrlari g‘azal, ruboiy va tuyuq bo‘lib, shoir masnaviy, qit’a, muammo, fard kabi janrlarda ham ijod qilgan.

Zahiriddin Muhammad Bobur 20 yoshida "Xatti Boburiy" yozuvini kashf etgan, Xo‘ja Ahrorning "Volidiya" asarini she’riy yo‘l bilan o‘zbekchaga tarjima qilgan. Musulmon axloqiga oid "Mubayyin" asarini yaratgan.

"BOBURNOMA" HAQIDA. Bu asar dastlab "Vaqoe’ "("Voqealar") deb atalgan. Keyinroq "Voqeoti Boburiy", "Voqeanoma", "Tuzuki Boburiy", "Boburiya" nomlarini olgan. "Boburnoma" nomi bilan shuhrat qozongan. Asarda 1494-1529-yillarda Movarounnahr, Xuroson, Afg‘oniston va Hindistonda ro‘y bergan voqealar aks etgan.

"Boburnoma"ning o‘ndan ortiq qo‘lyozma nusxalari bo‘lib, turli kutubxonalarda saqlanadi. Asarni 1857-yilda Qozonda N.I. Ilminskiy, 1905-yilda Londonda Beverij xonim nashr etganlar. O‘zbekistonda dastlab Abdurauf Fitrat 1928-yilda "Boburnoma"dan parchalar e’lon qilgan. Asar 1948-1949-yillarda 2 jildda nashr etilib, 1960-, 1989-, 2002-

yillarda uning tuzatilgan nashrlari amalga oshirilgan. "Boburnoma" XVI asrdayoq turli sharq tillariga qilingan. 1586-yildayoq fors tiliga tarjima qilingan.

Avtobiografik ocherklarni eslatuvchi voqeiy hikoyalardan iborat bu yodnoma Yevropaga XVIII asrning boshida kirib kelgan. 1705-yilda Vitsen kitobni golland tiliga tarjima qilib, Amsterdamda chop etgan.

1871-yilda Pave de Kurteyl fransuzcha tarjimasini, 1926-yilda J. Leyden va V. Erksin asarning inglizcha tarjimasini nashr qilganlar. XX asrda bu asarni Rashit Rahmati Orat turkchaga, Mixail Salye ruschaga tarjima qilgan. 1826-1985-yillar davomida "Boburnoma" 4 marta ingliz (1826, 1905, 1921, 1922), 3 marta fransuz (1871, 1980, 1985), 1 marta nemis (1878) tiliga o'girilib, nashr etilgan.

"Boburnoma"da ilm-fan, san'at, adabiyot ahli haqida ham keng fikr yuritilgan. Muallif Alisher Navoiy, Jomiy, Binoiy, Muhammad Solih, Hiloliy, Sayfi Buxoriy, Mir Husayn Muammoiy,

Shayximbek Suhayliy, Ahmad Hojibek, Behzod, Shoh Muzaffar, G'ulom Shodiy, Husayn Udiy kabi shoir va san'atkorlar haqida qimmatli ma'lumotlar bergan, ularning asarlaridan namunalar ham keltirilgan.

Boburning hayoti va faoliyatiga oid o'nlab badiiy asarlar ham yaratilgan. Bular orasida fransiyalik Flora Anna Stilning "Boburxon" (Parij, 1940), Fernard Grenardning "Bobur" (Parij, 1930), AQSHlik Harold Lembning "Bobur - yo'lbars" (Nyu-York, 1961), romanlari, Vamber Gaskoning "Bobur va uning avlodlari yoki buyuk mo'g'ullar" (Nyu-York, 1980) esse-romani bor. Hindistonlik Muni La'l Bobur va boburiylar haqida 6 ta roman yozgan. O'zbek adabiyotida Oybekning "Bobur", E. Vohidovning "Kelajakka maktub", B. Boyqobilovning "Kun va tun", X. Sultonning "Boburnoma", P. Qodirovning "Yulduzli tunlar"i Bobur hayotining ayrim bosqichlariga bag'ishlangan asarlardir.

G‘AZALLAR

"Kerak"

O‘zni, ko‘ngul, aysh bilan tutmoq kerak,
Bizni unutqonni unutmoq kerak.

Aysh-u tarab gulbunig‘a suv berib,
G‘ussa niholini qurutmoq kerak.

Tiyra turur zuhd damidin ko‘ngul,
Ishq o‘ti birla yorutmoq kerak.

Har nimag‘a g‘am yema, g‘am ko‘p turur,
Aysh bila o‘zni ovutmoq kerak.

Qo‘yma mashaqqat aro, Bobur, ko‘ngul,
O‘zni farog‘at bila tutmoq kerak.

* * * * * * * * * * *

"Keltursa yuz baloni..."

Keltursa yuz baloni o‘shal bevafo manga,
Kelsun agar yuzumni evursam, balo manga.

Netgaymen ul rafiq bilakim, qilur base,
Mehr-u vafo raqibg‘a, jabr-u jafo manga.

Begona bo‘lsa, aql meni telbadin, ne tong,
Chun bo‘ldi ul parisifatim oshno manga.

Oh-u yoshimdin ortadurur za’f, et tabib,

Bildim yarashmas emdi bu ob-u havo manga.

Dardim ko‘rub muolajada zoye etma umr
Kim, jonda dardi ishq durur bedavo manga.

To yor kimni istar-u ko‘ngliga kim yoqar,
Tashvish bejihat durur oxir sango, manga.

Bobur, bo‘lub turur ikki ko‘zum yo‘lida to‘rt,
Kelsa ne bo‘ldi qoshima bir-bir mango manga.

* * * * * * * * * *

"Mening ko‘nglumki..."

Mening ko‘nglumki, gulning g‘unchasidek tah-batah qondur,
Agar yuz ming bahor o‘lsa, ochilmog‘i ne imkondur.

Agar ul qoshi yosiz bog‘ gashtin orzu qilsam,
Ko‘zumga o‘qdurur sarv-u ko‘ngulga g‘uncha paykondur.

Bahor-u bog‘ sayrin ne qilaykim, dilsitonimning,
Yuzi gul,zulfi sunbul, qomati sarvi xiromondur.

Visoli lazzatidin zavq topmoqliq erur dushvor,
Firoqi shiddatinda yo‘qsa jon bermaklik osondur.

Boshidin evrilur armoni birla o‘ldum, ey Bobur,
Mening na’shimni bori ul pari ko‘yidin aylondir.

* * * * * * * * * *

"Yaxshilig‘"

Kim ko‘rubdur, ey ko‘ngul, ahli jahondin yaxshilig‘?
Kimki, ondin yaxshi yo‘q, ko‘z tutma ondin yaxshilig‘!

Gar zamonni nayf qilsam ayb qilma, ey rafiq,
Ko‘rmadim hargiz, netoyin, bu zamondin yaxshilig‘!

Dilrabolardin yomonliq keldi mahzun ko‘ngluma,
Kelmadi jonimg‘a hech oromi jondin yaxshilig‘.

Ey ko‘ngul, chun yaxshidin ko‘rdung yamonliq asru ko‘p,
Emdi ko‘z tutmoq ne ma’ni har yamondin yaxshilig‘.

Bori elg‘a yaxshilig‘ qilg‘ilki, mundin yaxshi yo‘q,
Kim, degaylar dahr aro qoldi falon din yaxshilig‘!

Yaxshilig‘ ahli jahondin istama Bobur kibi,
Kim ko‘rubdur, ey ko‘ngul, ahli jahondin yaxshilig‘?

"BOBURNOMA" ASARIDAN PARCHALAR:

"Tengri taoloning inoyati bilan... o‘n ikki yoshta podshoh bo‘ldum..."

Alisher Navoiy tasviri:

"Alisherbek naziri yo‘q kishi erdi. Turkiy til bila to she’r aytubturlar, hech kim oncha ko‘p va xo‘b aytqon emas...

Ahli fazl va ahli hunarg‘a Alisherbekcha murabbiy va muqavviy ma’lum emaskim, hargiz paydo bo‘lmish bo‘lg‘ay. Ustoz Qulmuhammad va Shayxi Noyi va Husayn Udiykim, sozda saromad edilar, bekning tarbiyat va taqviyati bila muncha taraqqiy va shuhrat qildilar.

...Yana musiqada yaxshi nimalar bog'labtur. Yaxshi naqshlari va yaxshi peshravlari bordur".

Andijon tasviri:

"... Oshlig'i vofir, mevasi farovon, qovun va uzumi yaxshi bo'lur. Qovun mahalida poliz boshida qovun sotmoq rasm emas. Andijonning noshpotisidin yaxshiroq noshpoti bo'lmas. Movarounnahrda Samarqand va Kesh qo'rg'onidin so'ng mundin ulug'roq qo'rg'on yo'qtur. Uch darvozasi bor. Arki janub tarafida voqe bo'lubtur. To'qqiz tarnov suv kirar. Bu ajabturkim, bir yerdin ham chiqmas...

...Eli turkdur. Shahr va bozorisida turki bilmas kishi yo'qtur. Elining lafzi qalam bila rostdur.

...Elining orasida husn xayli bordur. Yusuf Xojakim musiqiyda mashhurdur, Andijoniydur. Havosining ufunati bor. Kuzlar el bezgak ko'p bo'lur".

UBAYDIY
(1487-1540)

Uning davri va xalofati zamonida Movarounnahr, xususan, Buxoro viloyati gullab-yashnadi.

Hofiz Tanish Buxoriyning "Abdullanoma" asaridan

...Barcha fazilatlar bilan bezangan.

Mirzo Haydar

Bu kungi materiallarg'a ko'ra Ubaydullaxonni bu davrning eng yaxshi shoiri, deb qabul qilishga to'g'ri keladi.

Fitrat

Uvaysiyning birinchi xizmati Chig'atoy adabiyotida hikmat shaklini jonlantirishidadir.

Ya. Ekman

Ubaydiy she'riyatda Yassaviy va Boqirg'oniy, Lutfiy va Navoiy an'analariga tayangan, ayni paytda, ularni o'zaro uyg'unlashtirishga kuch sarflagan shoir.

Ibrohim Haqqul

Ubaydullaxon ham o'z davri hukmdorlaridan Husayn Boyqaro, Shayboniyxon, Zahiriddin Muhammad Bobur kabi muttasil she'riy ijod bilan shug'ullanib, she'rlariga "Ubaydiy", "Qul Ubaydiy" taxalluslarini qo'llar edi.

Abduqodir Hayitmetov

Buxoro hokimi Mahmud Sultonning o'g'li Ubaydullo Bahodirxon XVI asr Movarounnahr adabiy-madaniy hayotida katta o'rin tutgan mashhur ijodkorlardan biridir. Xoja Ubaydulloh Ahror Valiydek buyuk pir bu o'g'longa o'zining muborak ismini bergan.

Ubaydiyning o‘zi ham so‘fiy shayx - naqshbandiy edi. Ayni paytda, u Yassaviyga ergashib hikmatlar yozgan.

Ubaydullaxon "Ubaydiy", "Qul Ubaydiy", "Ubaydulloh" taxalluslari bilan o‘zbek, fors va arab tillarida ijod qilgan. Uchala tildagi devonlarini o‘z ichiga olgan kulliyotining yagona qo‘lyozma nusxasi 1583-yilda kotib Mir Husayn al-Hysayniy tomonidan ko‘chirilgan. Bu qo‘lyozma O‘zbekiston Fanlar Akademiyasining Abu Rayhon Beruniy nomidagi Sharqshunoslik institutining qo‘lyozmalar fondida inventar 8931 raqami bilan saqlanmoqda.

Ubydullaxonning turkiy devonida 310 g‘azal, 430 ruboiy,

11 tuyuq, 18 masnaviy, 7 muammo, 2 yor-yor mavjud. Shuningdek, devondan diniy-tasavvufiy va axloqiy-didaktik ruhdagi "Omonatnoma", "Shavqnoma", "G‘ayratnoma", "Sabrnoma" manzumalari o‘rin olgan. Forsiy devonida esa 163 g‘azal, 418 ruboiy, 7 qit’a, 1 fard, 1 masnaviy, 1 tarje’band va 3 muammo bor. Arab tilidagi merosi 35 ga yaqin g‘azal, qit’a va fardlardan iborat. Ubaydiy Ahmad Yassaviy asos solgan hikmatnavislik an’anasini rivojlantirgan. Undan 1786 baytdan iborat 220 dan ortiq hikmat yetib kelgan. Uning ijodida diniy-tasavvufiy g‘oyalar yetakchilik qiladi.

Ubaydiy o‘zbek va fors adabiyotidagi yirik ruboiynavislardan hisoblanadi. Uning 2 tildagi ruboiylarida 850 ga yaqin. Xususan, o‘zbek adabiyotida ruboiyning Boburdan keyingi taraqqiyoti Ubaydiy nomi bilan bog‘liq. Shoir she’rlarida o‘zbek tilining boy imkoniyatlaridan, o‘ziga xos xususiyatlaridan mahorat bilan foydalanilgan.

Ubaydullaxon Buxoro yaqinidagi

joylashgan Bahouddin majmuasidagi Shayboniylar xilxonasida dafn etilgan. Uning kulliyoti yagona nusxada O‘zbekiston FA Sharqshunoslik institutining qo‘lyozmalar fondida (inv. 8931), "Devoni Ubaydullaxon" qo‘lyozmasi Turkiyaning Nuri Usmoniya kutubxonasida (inv. 4904), "Masoil ussalot" terma bayozi Ko‘niyodagi Izzatquyun xususiy kutubxonasida saqlanadi. Ubaydullaxon haqida Fazlulloh ibn Ro‘zbexon Isfahoniyning "Mehmonnomai Buxoro", Hasanxoja Nisoriyning Muzakkiri ahbob, Hofiz Tanish al-Buxoriyning "Abdullanoma" asarlarida ma’lumotlar mavjud. Ubaydiyning "Vafo qilsang" to‘plami 1994-yilda nashr etilgan.

G‘AZALLAR

"Topilmas"

Yor istamaki, olam aro yor topilmas,
Topilsa dag‘i mushfiqu g‘amxor topilmas.

Axtarsang agar bir yaratib ikki jahonni,
Mendek senga bir zoru giriftor topilmas.

Hushyor netarsen tilabon, ey ko‘zi usruk,
Mastona ko‘zung davrida hushyor topilmas.

Ko‘p yor agarchi topilur senga valekin,
Jon berguchi men kabi vafodor topilmas.

Diydor g‘animat turur, - ey telba Ubaydiy,
Diydoridin ayrilmaki, diydor topilmas.

* * * * * * * * * *

"Bo‘lmas"

Sohir ko‘zining mardumin inson desa bo‘lmas,
Ul kofir erur, musulmon desa bo‘lmas.

Jismim aro jon o‘rnida jononim erur jon,
Jon desa bo‘lur muni, ani jon desa bo‘lmas.

Zulfi ne balo ozr ko‘ngullarni yig‘ibtur,
Jam’iyati bor asru parishon desa bo‘lmas.

Majnundin erur besaru somonlig‘im afzun,

Qoshimda oni beasru somon desa bo‘lmas.

Nodon dema Majnun ishini, - Ubaydiy,
Oqil kishini jahl ila nodon desa bo‘lmas.

* * * * * * * * * *

"Bor emish"

Mehribonlig‘din deding: - "Bir notavonim bor emish".
Shukri lillahkim, seningdek mehribonim bor emish.

Vasling ayyomida ham qon yig‘ladim to bilgasen,
Kim firoqingda ani chashm xunfishonim bor emish.

O‘rtadi olamni oxir ohu fig‘onim o‘ti,
Vah, ne o‘tluq nola-u ohu fig‘onim bor emish.

Fitna solur har dam ul oshubi jonim, dahr aro,
Ne balolig‘ ofati jonu jahonim bor emish.

Ey Ubaydiy, fitna solmoq xalq aro xo‘dur anga,
Vah, ne badjo‘, fitnai oxir zamonim bor emish.

* * * * * * * * * *

"Ayla"

Ey yosh, ko‘zum yoshi yo‘lidin guzar ayla,
Durlar sochadur yo‘lunga ko‘zum, nazar ayla.

Ey gul, zaqaning olmasi naxlingg‘a samar dur,
Halqa etibon zulfni, bargi samar ayla.

Ko‘nglin qaro yer aylabon ag‘yorning, ey yor,
Oni va havodorini ondin batar ayla.

Seni deb eshikinda ko‘ngul xor yuriydur,
El qoshida lutf aylab, oni mo‘tabar ayla.

Ko‘nglumni Ubaydiy kabi, ey soqiyi gulrux,
La’ling mayidin mast qilib bexabar ayla.

ABULG‘OZI BAHODIRXON
(1603-1664)

Muddati saltanati yigirma yil erdi. Bag‘oyat ash’orfahm va tarixdon kishi erdi.

...Sherg‘ozixon bag‘oyat odil va fozil podshoh erdi. Ilm va she’r aning zamonida rivoj topdi.

Munis, Ogahiy, "Firdavsu-l-iqbol" asaridan

Abulg‘ozi Bahodirxon davlat arbobi, shoir, xon, tarixnavis olim, nafis san’at bilimdonidir. U Xorazmning mashhur xonlaridan Arab Muhammadning (XVI asrning ikkinchi yarmi -1623) yetti o‘g‘lidan biri bo‘lgan. U sarkarda sifatida toblanish yillarida Turkiston, Samarqand va Buxoroda bo‘ldi, Eron Isfahonida o‘n yil hayot kechirdi,
fors-tojik, arab, mo‘g‘ul tillarini o‘zlashtirdi. Abulg‘ozi o‘z otasining nomi bilan ataluvchi Arabmuhammad madrasasida tahsil olgan. Abulg‘ozi Bahodirxon Xiva hokimi bo‘lib faoliyat ko‘rsatgan (1623, 1629). Turli qiyinchilik va o‘zaro toj-taxt talashlaridan keyin 1644-yilda yana Xiva taxtiga o‘tiradi. Umrining oxirigacha u xalq osoyishtaligi va el-yurt obodonchiligi uchun mehnat qildi.

Xorazmning o‘tmish madaniyati Abulg‘ozida katta ishtiyoq va qiziqish uyg‘otgan edi. Abulg‘ozi "Shajarayi tarokima" (1661), "Shajarayi turk" (1664) va tabobatga oid "Manofe’ ul-inson" (1664) kabi nodir asarlar yozgan va Xorazm tarixchilik maktabiga asos solgan.

Abulg‘ozining "Shajarayi tarokima" asari turkman xalqining tarixiy etnogenezini yoritishga qaratilgan. U bilan bog‘liq ravishda muallif qadimgi
tarix - Odam alayhissalom, Nuh payg‘ambar, Qoraxon, O‘g‘uzxon kabilar qismati bilan bo‘g‘liq hodisalarni nihoyatda qiziqarli uslubda bayon etadi. Asar 1660-1661-yillarda yozilgan. Uning o‘nlab qo‘lyozma nusxalari O‘zbekiston Fanlar akademiyasi Sharqshunoslik instituti, Toshkentdagi O‘zbekiston Milliy kutubxonasi, Turkmaniston Fanlar akademiyasi kutubxonasi, Rossiya Fanlar akademiyasi Sharqshunoslik instituti Sank-Peterburg bo‘limi, Istanbul kutubxonasi qo‘lyozmalar fondlarida saqlanmoqda. Bu

asar 1958-yilda tanqidiy matn va ruscha tarjimasi bilan akademik A. N. Kononov tomonidan chop etilgan edi. O‘zbekistonda esa "Shajarayi tarokima" asari 1995-yilda Qozoqboy Mahmudov tomonidan nashr etilgan.

"Shajarayi turk" asari 1663-1664-yillarda yozilgan. Asar to‘qqiz bobdan iborat. "Shajarayi turk" asarida Chingizxon va uning avlodlari, xususan, Shayboniyxonlar xususiy so‘z boradi. Abulg‘ozi bu asarini 1663-yilda yoza boshlagan va uni oxiriga yetkazolamy, 1664-yil 61 yoshida vafot etadi. Uning o‘g‘li Anushaxon topshirig‘i bilan zamonasining tarixchilaridan Mahmud ibn Muhammad Urganjiy kitobning yozilmay qolgan 21 sahifasini yozib tugatgan.

Abulg‘ozining "Manofe’ ul-inson" ("Inson manfaatlari") asari tibga oiddir. Asar 1664-yilda yozilgan. "Manofe’ ul-inson" to‘rt bobdan iborat. Har bir bob tibbiyotning ma’lum bir sohasiga bag‘ishlangan. Abulg‘ozi har bir xastalik haqida
to‘xtalar ekan, avval tabib va olimlar tomonidan aytilgan fikrlarni keltirib, so‘ng o‘zining munosabatini, mustaqil xulosalarini bayon etadi.

Asarda 120 dan ortiq kasalliklar haqida ma’lumot beradi. Ularning kelib chiqish sabablari, davolash usullarini izohlaydi. "Manofe’ ul-inson"da oddiy va murakkab dorilar, ularni tayyorlash va ishlatish yo‘llari haqida ham muhim ma’lumotlar beradi.

Asar O‘zbekiston Fanlar akademiyasi Sharqshunoslik institutining qo‘lyozmalar fondida 4107-inventar raqam bilan saqlanadi.

"SHAJARAYI TURK" ASARIDAN PARCHALAR

"Bu tarixning yaxshi va yomon barchalari bilsun teb turkiy til birlan aytdum. Turkiyni ham andaq aytubmanki, besh yashar o‘g‘lon tushunur. Bir kalima chig‘atoy turkisidin va forsiydin va arabiydin qo‘shmayman, ravshan bo‘lsun teb".

"Odam zamonidin to bu damgacha ul chog‘li tarixlar aytilg‘an tururkim, hisobini tangri bilur. Hech podshoh va amir va hech hakim va donishmand o‘z tarixini o‘zi aytg‘on emas turur. Bizning yurtimizning havosindin va ahli Xorazmning bebizoatligidin hech zamonda bo‘lmag‘an ish bo‘ldi. Emdi ko‘nglingga kelmasunkim, faqir taraf tutib yolg‘on aytg‘an bo‘lg‘ayman va o‘zumni g‘alat ta’rif

etgan bo‘lg‘ayman. Bu faqir (Abulg‘ozi Bahodirxon)ga xudoyi taolo inoyat qilib, ko‘p nimarsa bergan turur. Xususan, uch hunar turur. Avval, sipohiygarlikning qonuni va yo‘suni kim, ko‘p birlan yuruganda nechuk qilmoq, oz bilan yuruganda nechuk qilmoq, do‘stg‘a, dushmang‘a nechuk so‘zlashmak. Ikkinchi, masnaviyot va qasoyid va g‘azaliyot va muqattaot va ruboiyot va ash’orni fahmlamaklik, arabiy va forsiy va turkiy lug‘atlarning ma’nosini bilmaklik. Uchinchi odam ahlidin to bu damgacha Arabistonda, Eron va Turonda va Mo‘g‘ilistonda o‘tgan podshohlarning otlari va umrlarining va saltanatlarining kam va ziyodin bilmaklik. Bu vaqtda fahmlamaklikda va tarix bilmaklikda faqirdek kishi shoyad Iroqda va Hindustonda bo‘lsa bo‘lg‘ay, ammo sipohiyning yo‘sunin bilmaklikda bu choqda musulmon va kofirda biz ko‘rib va eshitaturg‘an yerlarda va yurtlarda yo‘q turur".

"Uyg‘urlarning ma’nosi yopishqur temak bo‘lur. Ayturlar sut uyidi. Sut erkaninda bir-birindin ayrilur, uyig‘andin so‘ng ayrilmas. Uyidi, ya’ni yopishdi. Taqi ayturlarki, imomga uydim. Imom o‘ltursa o‘ltura turur, tursa tura turur. Bas, yopishqani bo‘lur".

"Asl lafzi mo‘g‘ul - "mungul" turur. Avomning tili kelmasligidan bora-bora mo‘g‘ul tedilar. "Mung"ning ma’nosin barcha turk bilurlar, qayg‘u ma’nosina turur. "Ul"ning ma’nosi sodadil, ya’ni "qayg‘uli soda" temak bo‘lur".

"Oqsoq Temur ushbu uruqdin erdi. Barlosning ma’nosi sipohsolar temak bo‘lur. Turkiysi cherik boshlab yuriyturg‘on kishi".

"Buxoro temakning ma’nosi mug‘ tilinda ilm va ahli ilmning jam’ bo‘laturg‘on yeri temak bo‘lur".

AMIRIY
(1787-1822)

Umarxon o'z umr yo'ldoshi Nodirabegim bilan XIX asrning birinchi choragida Qo'qon adabiy muhitiga asos solgan.
Z. Muqimov, "Qilich va qalam sohiblari" asaridan

Navoiyga ergashuvchi shoirlardan bo'lub, bir devonga egadir. Badiiy tomondan raso shoir yozgan ash'ori obdoridan ma'lumdir. Bu kishining xonlig'idan qat'iy nazar Xo'qandli buyuk shoir sifatida hurmat etamiz.
Po'latjon Qayumov, "Tazkirayi qayyumiy" asaridan

XIX asrning birinchi choragida Qo'qonda o'ziga xos ilmiy-adabiy muhit vujudga keladi - uning boshida ma'rifatparvar hukmdor Amir Umarxon turar edi. Ilmu ijod ahliga homiylik qilganligi tufayli uzoq-yaqindan iste'dod sohiblari undan panoh izlab kelganlar. O'zining ko'nglida "shavqu muhabbat zavqi va zamirida oshiqona she'rlar zavqi g'olib" bo'lib, go'zal va hassos g'azallar yozgan Amiriy, xususan shoirlarni o'ziga yaqin tutar edi. Uning atrofida 70 dan ziyod shoir to'plangan. Ular orasida Nodira, Uvaysiy, Mahzuna, Maxmur, Gulxaniy, Ma'dan, Hoziq, G'oziy, Fazliy, Ado, Nodir, Mutrib, Miriy, Nola kabi o'zbek adabiyoti taraqqiyotida katta rol o'ynagan zabardast so'z ustalari bo'lgan.
Ergash Ochilov, "Barhayot siymolar" asaridan

Umarxon a'dal uz-zamon, a'lam ul-iqron fazl jihatidan baniyi Shohrux jumlasidan foiq, shoir fasih ul-bayon va balig' ayon, suxansanji ovon, forsiy va turkiyda behamto o'lub, ahli balog'atlar ba'zi she'rlarini kutubi ma'oniyda erod etkan ekanlar va manfaati omma uchun musora'at va ahkomi shariatda bazlu mu'ovanat husni tadbirlik

va siyosatga mubodaratlik bir xoni nomdor va birpodshohi komkor edi.

Ibrat, "Farg'ona tarixi" asaridan

U 1787-yilda Qo'qon xoni Norbo'tabiy oilasida dunyoga keldi. To'liq ismi Amirsayyid Muhammad Umarxon. Taxallusi Amiriy. U o'zining nasl-nasabi haqida devoni debochasida, "... vujudim gulbuni Temir Ko'ragon gulistoni shajarasini samarasidur. ...Xilqatim niholikim, Bobur Sulton chamanining navbodasidur", deya temurzodalar sulolasiga mansubligini e'tirof etadi. Boshlang'ich savodini oilada chiqarib, keyin madrasada tahsil olgan. Yoshligidan saroy xizmatiga jalb qilingan: akasi - Qo'qon xoni Olimxonning davlatni boshqarish ishlarida faol ishtirok etgan. Olimxon 1807-1808-yillarda unga Farg'ona hokimligini topshirgan. Shu yillarda, ya'ni 1808-yilda u Andijon hokimi Rahmonqulibiyning qizi Mohlaroyim (Nodira)ga uylanadi.

Saltanat va dinni mustahkamlash yo'lidagi harakatlari yuksak baholanib, "Amir ul-muslimin" unvoni bilan taqdirlangan. Umarxon Sulton Husayn Boyqaroga havas qilib Qo'qonda Hirotdagidek adabiy muhit yaratishga uringan. Uning atrofida 70 dan ortiq shoirlar yig'ilgan. Amiriy shahar qalam ahllari ijodidan maxsus tazkira tuzishni shoir Fazliy Namangoniyga topshiradi. "Majmuat ush-shuaro" tazkirasi, Amiriyning "Otalar so'zi" degan nomda kitob yaratish taklifiga asosan yaratilgan Gulxaniyning "Zarbulmasal" asari shu tariqa vujudga kelgan.

Amiriy zullisonayn ijodkordir. U o'zbek va tojik tillarida lirik she'rlar yaratgan. Uzbekcha va va forsiy she'rlarini 2 ta mustaqil devon holida tartib bergan. Unda g'azal, muxammas, musaddas, musamman, tuyuq, ruboiy kabi janrlardagi asarlari jamlangan. Devoni debocha bilan boshlanadi. Shoirning jami 10000 misradan ortiq she'rlari bizgacha yetib kelgan. Amiriy devonining ko'plab qo'lyozma va toshbosma nusxalari mavjud.

Mumtoz adabiy an'anada bo'lgani kabi uning ijodida ham majoziy va haqiqiy ishq bir-birini to'ldiradi, biri ikkinchisiga vosita sifatida qaraladi. Ishqni hayotning ma'nosi, ijodning ilhomchisi hisoblagan shoir ko'plab g'azallarida o'zini "ishq mulkining amiri", "mulki dil amiri", "ko'ngil taxti amiri", junun shahri amiri", "iqlimi vafo amiri" sifatlari bilan lutf etadi.

G‘AZALLAR

"Qil"

Lab uyur takallumg‘a, zulfni parishon qil,
Qand qimmatin sindur, narxi anbar arzon qil.

Husn shohisen, jono, bu hazin gadolarg‘a,
Ko‘z uchi bila boqib, xayr ayla ehson qil.

Ishq dinig‘a munkir bo‘lsa zohidi xudbin,
Ey sanam, liqo ko‘rsat, gabrni musulmon qil.

Ehtisob uchun zohid kirsa dayr aro, soqiy,
Bir qadah bila oning zuhdidin parishon qil.

Istasang ko‘ngullarni g‘amza yoyig‘a qirbon,
Qoshlaring hilolini mohi iydi qurbon qil.

Sho‘xi chashmi navxatsen, noz dashtida sayr et,
Gardi xoki poyingni surmayi g‘azolon qil.

Yor la’lidin harfe ayladim, Amir, insho,
Ey ko‘ngul, bu gavharni jon ichinda pinhon qil.

* * * * * * * * * *

"Sabo lutf et..."

Sabo lutf et, mengo ul yor payg‘omin ravon keltur,
Visoli mujdasin notavon jismimg‘a jon keltur

Tamanno aylasang gar sham yanglig‘ suhbatorolig‘,
Tuganalar birla bu mahfil aro o‘tlug‘ zabon keltur.

G‘ami shamshiridin gar o‘lganimga qilmasa bovar,
Ko‘zum paymonasini to‘ldurub qoshig‘a qon keltur.

Tamalluq birla og‘zing nuqtasidan o‘lmadim voqif,
Takallum ayla menga kashfi asrori nihon keltur.

Yomon ranjur erurmen bodayi la’ling xumoridin,
Iloj aylarga, ey soqiy, sharobi arg‘uvon keltur.

Agar ul sarvi ra’no vaslidin xurramlig‘ istarsen,
Sirishki ol-u, ohi sard-u rangi za’faron keltur.
Ko‘ngul o‘tig‘a taskin istasang, ey ishq, bir soat,
Ko‘zumdin qatra-qatra sel ashki xunfishon keltur.

Amir abyotin, ey mutrib, eshitsun ko‘chak-u buzruk,
Nahovand-u Xuroson-u Iroq-u Isfahon keltur.

* * * * * * * * * *

"Qoshingg‘a teguzmag‘il..."

Qoshingg‘a teguzmag‘il qalamni,
Bu xat bila buzmag‘il raqamni.

Butxonalar ichra hech tarso
Bir ko‘rmadi sen kabi sanamni.

Oshiqlaringga tarahhum etgil,
Ko‘p aylama jabr ila sitamni.

Ko'nglum qushi toyiri hariming,
Sayd etma kabutari haramni.

To bevatan o'lmasin ko'ngullar,
Zulfungdin ayurma pech-u xamni.

Yo'lungda g'ubori roh bo'ldim,
Boshimga yeturmading qadamni.

Iqlimi vafo Amiridursen,
Ey shah, bu gadog'a qil karamni.

* * * * * * * * * *

"Ne ko'zlardurki..."

Ne ko'zlardurki, toroj ermaka xunxorlardurlar,
Asir etmak uchun ishq ahlig'a makkorlardurlar.

Bahor ayyomida gul yaprog'i-la lolalar dog'i,
Bu gulshan ichra husni ishqdin osorlardurlar.

Sabo giso'yi anbarborinikim boshqa tarqotgach,
Nazokat rishtasida go'yo attorlardurlar.

Xamush o'l, ey ko'ngul, oh etmagil, sirrimni oldurma,
Ani ko'yida yotgan men kibi ag'yorlardurlar.

Otarlar novaki mujgon ila ko'ksumga paykonin,
Emas zaxme jununim dafig'a tummorlardurlar.

Chekib jon-u ko'ngul bedodlar hijron jafosidin,
Amir ollig'a borib dod etarlar zorlardurlar.

MUHAMMAD RAHIMXON FERUZ
(1844-1910)

Bu kishi kuchligina lirik shoir edi. Ham eng yaxshi musiqashunos, kompozitor edi. O'z nomida bir maqom bordirki, feruz deyiladur. Saroyda Tabibiy Mulla Ahmad boshliq 30 dan ziyodaroq shoirlar to'planmish edi.

Po'latjon Qayumov,"Tazkirayi qayyumiy" asaridan

Muhammad Rahimxon soniy Xorazm o'lkasida o'zidan boshqa kuchli va yot bir quvvatni ko'rgach, bir xili zamonlar mutta'sir bo'lib yurdi. O'zini tasalli qilajak hech bir mashg'ulot topmoqdin ojiz edi. Biroq oning atrofidagi odamlar, xususan musiqashunos Pahlavonniyoz Mirzaboshi (Komil Xorazmiy) xonning bu holini anglab, oni majlislar tuzmakka qiziqtirdi. Nihoyat, xonning musiqiy bazmlarini uyushtirib, natijada "Xorazm chizig'i" (Komil Xorazmiy boshchiligida musiqani ifodalash uchun tuzilgan nota) maydonga chiqib, Xorazm musiqasi xiylagina rivoj bo'lub xalq orasina intishor etmakka boshladi.

...Xon hazratlari (Feruz) she'rga ko'p zavq paydo qilib erdilar. O'zlari ham burundan Feruz taxallusi bilan mutaxallis bo'lub, she'r aytur erdilar. So'ngroq she'rg'a ko'proq haris bo'ldilar. Har kimning she'r aytmoqqa sahl qobiliyati bo'lsa, nav'i she'rlarni aytib dargohi oliyg'a olib bora berdilar. Shoirlarning adadlari kam-besh qirqg'a yovuq bordi".

Muhammad Yusuf Bayoniy, "Shajarayi Xorazmshohiy"

Bu ul hazrat (Muhammad Rahimxon) aksar avqot (vaqtini) ulamoyi va fazilatshior va fuzaloyi fatonatosorga kamoli dindorlig'din behishtnamudor majlisig'a yo'l berib, ul jamol bila hamsuhbat bo'lub, masoyili diniya va mabohisi "yaqiniya" mukomalasi adosidin so'ng tavorix va g'azaliyot kitoblarin arog'a solib, kitobxonlig' va ma'nodonlig' sahboyi farahafzosi bila bazmi oliysin qizdurub, ayshu tarab dodin berur erdi. Va shuaroyi zamon ul hazratning muborak otig'a g'arro qasidalaru shavqafzo g'azallar va dilkusho ta'rixlar iboratoro masnaviylar nazm silkiga chekib, in'omi vofir va ehsoni mutaqosiridin mahzuzu bahramand bo'lub, duoyi davlatin virdi zabon va rutbu-l lison qilur erdilar".

Muhammad Rizo Ogahiy, "Shohidu-l-iqbol" asaridan

Shoir ijodining ko'pchilik qismi ishqiy lirikadan iborat bo'lib, ularda go'zal mahbuba, sof muhabbat, vafodorlik, sevgining insoniy tuyg'u sifatidagi go'zalliklari hamda bu boradagi tenglik talqin qilinadi.

Ishq bir o'tdurur nechun kim barq,
Aylamas shoh bilan gadoni farq.

Feruzning:

Ko'zi jallodi agar jonimni olsa g'am emas,
Tozadin jon bergusi ul la'li Xadonim mening.

kabi misralari yetuk ijodkor bo'lganligining yaqqol ifodasidir. Shoir bir vaqtda Xorazm maqom yo'llarini juda yaxshi bo'lgan, ularga 13 kuy bastalagan (Masalan, Maqomi Rostga Muhammadi jadidi Feruz kabi). Bastakor bo'lganligi uchun ham uning g'azallari xalq kuylari, qo'shiq va maqomlariga ohangdoshdir. Uning o'nlab g'azallari xalq og'ziga tushib, sevimli qo'shiqlarga aylanishining sabablarining biri ham ana shunda".

Z. Muqimov, "Qilich va qalam sohiblari" asaridan

Said Muhammad Rahimxon Bahodirxoni soniy - Feruz davlat arbobi, shoir, musiqashunos, olim va bastakordir. U 1844-yilda Xivada tug'ilgan. 1863-yil Xorazm taxtiga o'tiradi. Feruz XIX asrning ikkinchi yarmi

o'zbek adabiyoti ravnaqiga munosib hissa qo'shdi: saroyda o'nlab shoirlar uning homiyligida badiiy ijod bilan shug'ullandi. Muhammad Yusuf Bayoniy, Muhammad Rasul Mirzo, Ahmad Tabibiy, Avaz O'tar o'g'li, Chokar, Rog'ib, Devoniy, G'oziy, Shinosiy, Oqil, G'ulomiy, Komyob kabi shoirlar shular jumlasidandir. Uning ysaroyida ellikka yaqin shoiru yozuvchilar, sozanda va go‘yaeadndalar, muarrixlar, tarjimonlar, xattotlar, noshirlar faoliyat ko‘rsatgan. U O‘rta Osiyo xonliklarida birinchilardan bo‘lib taxminan 1874-yilda toshbosmaxona tashkil qiladi va fotografiya ishlarini yo‘lga qo‘yishda bosh-qosh bo‘ladi. U Yangiariqlik shoir Muhammad Ya’qubxo‘ja Xolisga Alisher Navoiyning "Xamsa"sini qayta ko‘chirtirib, uning "Hayrat ul-abror" dostonini nashr qildirgan.

Shoir Feruz ijodiy merosi bizgacha ancha parokanda holda yetib kelgan. Feruz ulug‘ ustozlari Ogahiy, Komil Xorazmiy devonlarini qayta-qayta ko‘chirtirgan, nashr ettirgan. Ahmad Tabibiyni she’rlarini to‘plab, devon tuzishga undagan. Ammo o‘z she’rlarini to‘plab nashr etishga sa’y-harakat qilmagan. Shuning uchun bo‘lsa kerak, uning bizgacha yetib kelgan ijodiy merosi u darajada katta emas. Umumiy hajmi 2534 misradan - 98 g‘azal, 7 muxammas, 2 musaddas, 4 masnaviy, 7 ruboiydan iborat. "Ishqiy g‘azallar piri" deb e’tirof etilgan Feruz lirikasining asosiy mavzui ishq-muhabbatdir.

G‘AZALLAR

"Furqating soldi..."

Furqating soldi dil-u jon ichra o‘t,
Kufri zulfing din-u iymon ichra o‘t.

Nargizi shahlo ko‘zung solg‘usidur,
Bir nigahdin bog‘-u rizvan ichra o‘t.

Oh cheksam furqatingdin o‘rtanib,
Tushgusidur bayt ul-ahzon ichra o‘t.

Jurmim, ey mahvash, nedur har dam solur

Barqi ishqing jismi vayron ichra o‘t.

Oy kibi farrux yuzungning furqati
Soldi ko‘kda mehri raxshon ichra o‘t.

Ne ajab, ko‘rgach yuzing Feruzning
Ohidin tushsa guliston ichra o‘t.

* * * * * * * * * * * *

"Oftoboso jamoling..."

Oftoboso jamoling ko‘rgach o‘ldum, ey nigor,
Beqaror-u beqaror-u beqaror-u beqaror.

Tig‘i ishq-u xanjari nozingdin o‘ldum subh-u shom,
Dilfigor-u dilfigor-u dilfigor-u dilfigor.

Oh-u nolam ayladi ishqingni oxir dayr aro,
Oshkor-u oshkor-u oshkor-u oshkor.

Javr-u zulming bo‘lg‘ondur man hazing‘a dam-badam,
Beshumor-u beshumor-u beshumor-u beshumor.

Oy kibi farrux jamoling ko‘rgali yo‘lungda ko‘z,
Intizor-u intizor-u intizor-u intizor.

Noz ila so‘rsang samanding sakratib yo‘q sen kabi,
Shohsuvor-u shohsuvor-u shohsuvor-u shohsuvor.

Vaslingga yo‘l topsa har kim bo‘lg‘ay ul Feruzdek,

Baxtiyor-u baxtiyor-u baxtiyor-u baxtiyor.

* * * * * * * * * *

"Ey rafiq"

Ayb aylamang bo‘lsam ul oy ishqida nolon, ey rafiq,
Qildi hazin jonimni hajr o‘tig‘a so‘zon, ey rafiq.

Dard-u g‘am hijronida holim ko‘rib rahm aylamas,
Zulmin fuzun aylar manga ul nomusulmon, ey rafiq.

Topg‘usidur o‘lgan badan nutqidin oning toza jon,
La’li labini har qachon qilsa durafshon, ey rafiq.

Yuz noz ila ul dilrabo qilsa yuz takallum nogahon,
Qul bo‘lg‘usi, ko‘rsa agar, ming mohi Kan’on, ey rafiq.

Rohat topar jonim mening qilsa sitam har necha ul,
Javri magar bo‘lmishdurur dardima darmon, ey rafiq.

Man’ aylama Feruzni ul mahliqoning ishqidin,
Bo‘lmish oning ishqi mening jismim aro jon, ey rafiq.

* * * * * * * * * *

"La’li shiriningni..."

La’li shiriningni ta’rif aylab o‘lmish shahdkom,
Anvariy-u Fazliy-u Hoqoniyi Masnad mudom.

Chashmi fattoningg‘a nargisni har nechuk tashbeh etar,
Soyib-u Bedil, Hiloliy, Hofizi shirinkalom.

Vah, ne yanglig‘ sharh qilg‘ay orazing tavsifini,
Unsuriy-u Asjadiy-u Farrux-u Sa’diy, Humom.

Ko‘rsa husning Layli-yu Shirinni vasf etmas edi,
Xisraviy-u ham Navoiy, Jomiy-u Shayxi Nizom.

O‘xshatib bo‘lmas yangi oyg‘a muqavvas qoshlaring,
Sayido-yu Nozim-u Lutfiy-u Kiromiy, Hisom.

Sarvoso qomating vasfin qilurda lol o‘lub,
Andalib-u Ravnaq-u Ziyrak Masihi xushkalom.

Ogahiy-u Komil-u Feruz, Xolis, Chokaring,
Rojiy-u Mirzo-yu Akmal, Munis-u Xokiy, G‘ulom.

Mundarija:

Shermamatova Shohista Baxtiyor qizi 1995-yil 10-oktabrda O‘zbekiston respublikasi Qashqadaryo viloyatida tavallud topgan. Hozirda Qarshi davlat universiteti Filologiya fakulteti filologiya va tillarni o‘qitish (o‘zbek tili) yo‘nalishi 3-bosqich talabasi. O‘nga yaqin ilmiy maqolalar muallifi. Maqolalari xalqaro antologiya, jurnal va konferensiyalarda nashr etilgan.

Shu bilan birga Argentinaning "Juntos por las Letras" - Xalqaro fan va adabiyot tashkiloti a’zosi; xalqaro UNICEF tashkiloti U-Report loyihasi volontyori; Qashqadaryo viloyat "QIZLAR OVOZI" klubi a’zosi; universitet va respublika miqyosida tashkil etilgan tanlovlarda faol ishtirok etib, ko‘plab diplom va sertifikatlar sohibasi.

Printed by Books on Demand GmbH, Norderstedt / Germany